Mon programme

DÉTOX

40 recettes

POUR TOUTE L'ANNÉE

LUCIE REYNIER

Mon programme DÉTOX

40 recettes pour toute l'année

Éditions marie claire

Au sommaire

INTRO

La détox

ENTRE PHÉNOMÈNE DE MODE OU RÉFLEXE SANTÉ, ON SE DEMANDE CE QU'IL FAUT PENSER DE LA DÉTOX.

On trouve régulièrement dans les magazines ou sur Internet de nombreux programmes ou produits miracles. Tous sont censés purifier notre corps et promettent en général de nous alléger de quelques kilos. Qu'en est-il réellement ?

QU'EST-CE QUE C'EST ?

Le terme « détox » désigne une réaction métabolique au sein de l'organisme qui trouve essentiellement sa place au niveau du foie. Le foie sert de filtre dans notre organisme, il élimine les substances toxiques afin qu'elles ne retournent pas dans la circulation sanguine et les cellules. Ces toxines peuvent être d'origine alimentaire (alcool, additifs industriels, mauvaises graisses...), induites par la prise de médicaments ou encore liées à l'environnement extérieur (pollution, tabac...). Cependant, si les toxines deviennent trop nombreuses, le foie se trouve surchargé, il ne peut plus faire correctement son travail de filtrage. Les toxines s'accumulent alors dans notre corps. Il faut l'aider à retrouver toutes ses capacités. C'est alors qu'intervient la détox !

- À NOTER -

LES ÉPICES DÉTOX

Curcuma, gingembre, piment, cannelle, girofle, poivre, muscade

POUR QUI ?

Un plan détox uniquement alimentaire, comme ceux proposés dans ce livre, peut être pratiqué par tout le monde sans aucun risque. Si vous décidez d'associer des plantes ou compléments alimentaires, assurez-vous qu'ils soient compatibles avec votre état de santé.

COMMENT FAIRE ?

Dans cet ouvrage nous nous intéressons uniquement à la détox grâce à l'alimentation. Les plans détox de ce livre sont construits à partir d'aliments aux propriétés drainantes, détoxifiantes, purifiantes et revitalisantes. Les associations entre ces aliments ainsi que la façon de les consommer est importante.

Il faudra en revanche éviter tout ce qui est producteur de toxines (protéines animales, graisses cuites, produits industriels), et limiter alcool, café, sucre et sel qui fatiguent inutilement notre organisme.

Il faudrait également privilégier les aliments les plus sains possibles, bio ou en agriculture raisonnée par exemple.

À ces programmes adaptés pourront s'ajouter des aromates, des boissons, des épices aux vertus intéressantes. Une bonne hygiène de vie est également indispensable, avec un sommeil de qualité et une activité physique suffisante. L'alimentation doit toujours rester équilibrée, il ne faut pas consommer d'aliments en excès (monodiètes...) ou au contraire trop se restreindre (enlever des familles d'aliments ou jeûner par exemple). Une cure détox trop stricte peut s'avérer dangereuse pour la santé.

UN REMÈDE MINCEUR ?

Attention de ne pas confondre une cure détox avec un programme amincissant. Bien entendu, on mange équilibré et on évite les aliments générateurs de toxines, qui, souvent, sont également riches en calories. La balance va donc sans doute pencher du bon côté, mais ce n'est pas le but recherché pour autant. Pendant la détox, notre corps est aussi beaucoup drainé, ce qui entraîne des pertes d'eau importantes et donc de poids.

À QUEL MOMENT ?

L'idéal est de pratiquer des détox saisonnières. À chaque changement de saison, notre corps doit se réadapter à de nouveaux rythmes, de nouvelles habitudes. C'est le moment de nettoyer l'organisme pour repartir en pleine forme vers une nouvelle période. Il est également intéressant de faire une détox après une période d'excès alimentaires, c'est le cas en janvier par exemple après les fêtes de fin d'année ou au retour de vacances. Il n'est pas nécessaire de faire plus de quatre plans détox par an : cela pourrait perturber le fonctionnement de votre organisme. Bien entendu, on peut réaliser des recettes détox toute l'année indépendamment d'un plan alimentaire spécifique.

COMBIEN DE TEMPS ?

La détox peut se pratiquer en moyenne entre un et dix jours, selon le but recherché et le plan alimentaire choisi. Il n'est pas utile de faire durer trop longtemps un programme détox, quelques jours permettent de nettoyer l'organisme. La reprise d'une alimentation équilibrée, saine et diversifiée doit suffire pour ne pas stocker à nouveaux trop de toxines par la suite.

LES PROGRAMMES

Les programmes détox sont construits pour être adaptés à chaque saison. Vous trouverez leur justification en introduction à chaque fois. Les fruits et légumes choisis sont saisonniers et comme la nature est bien faite, c'est souvent ceux qui sont indiqués à ce moment de l'année. Les programmes sont composés sur trois jours. Si vous le souhaitez, vous pouvez les prolonger sur dix jours en composant vos repas avec les produits détox de saison.

- À NOTER -

LES ALIMENTS DÉTOX
toute l'année

Ail, oignon, citron, moutarde, avocat, huile de noix, légumes secs

- À NOTER -

LES AROMATES DÉTOX

Romarin, basilic, menthe, coriandre, persil

Les portions sont à adapter à chaque appétit. Le principe est de manger doucement, afin d'arriver à ressentir la satiété. Si on a l'impression de se sentir lourd après le repas, il y a de fortes chances que l'on ait mangé en quantités trop importantes. Soyez à l'écoute de votre corps pour juger de vos portions. Si vous avez un petit appétit, vous pouvez choisir entre l'entrée ou le plat de chaque plan alimentaire détox.

Si vous ne pouvez pas suivre le programme à la lettre, utilisez la liste des aliments détox de saison pour construire vos repas. Les recettes varient entre des fruits et légumes crus riches en vitamines et privilégient des cuissons douces, qui dénatureront le moins possible les qualités nutritionnelles des aliments.

À chaque saison il vous est proposé dans ce livre les recettes de trois entrées, trois plats, trois desserts et une boisson détox, répartis sur trois jours. L'hydratation est primordiale pour drainer et éliminer les toxines. Pensez à boire de l'eau le plus possible, en utilisant des eaux détox ou des tisanes pour renforcer l'efficacité de la cure.

C'EST PARTI !

Avant de commencer votre programme détox, assurez-vous que vous n'avez pas de repas extérieur prévu. Ensuite réalisez votre liste de courses et n'achetez que ce dont vous avez besoin pour ces jours.

Préparez vos plats en avance si vous le pouvez, cela vous permettra de gagner du temps au moment du repas et d'anticiper en cas d'emploi du temps chargé.

C'est le

PRINTEMPS

POURQUOI...

... la détox AU PRINTEMPS ?

COMME À CHAQUE CHANGEMENT DE SAISON NOTRE CORPS DOIT SE RÉADAPTER À DE NOUVEAUX RYTHMES, DE NOUVELLES HABITUDES.

Pendant l'hiver notre corps accumule beaucoup de toxines. Juste avant le printemps, il est fréquent de se sentir fatigué, en manque de tonus et d'avoir une baisse de motivation. Ce phénomène est tout à fait normal, en réalité c'est notre corps qui fonctionne au ralenti car tous les organes dépuratifs (foie, reins, intestins...) ont besoin d'être nettoyés pour fonctionner au mieux. Entre les rhumes qui sévissent et les températures difficiles, notre corps est mis à rude épreuve. On a tendance aussi à moins bouger l'hiver car on préfère rester bien au chaud au coin du feu. Notre corps se met plutôt au repos et cette inactivité l'incite à stocker quelques kilos. Nos menus sont également plus copieux et consistants en hiver, entre les tartiflettes et les plats en sauce, ce qui n'est pas vraiment apprécié par notre balance.

Au printemps, tout donne l'impression d'être en renaissance. La nature se réveille, les journées se rallongent et les températures augmentent. L'envie de se remettre en activité apparaît et on souhaite vite retrouver sa vitalité.

Tout comme le grand ménage de printemps dans la maison, nous allons le faire aussi dans notre organisme. Alors profitons de cette saison pour remettre notre corps à neuf et le préparer à repartir en pleine forme vers l'été !

Détox printemps

Ce plan alimentaire détox a pour but de refaire le plein d'énergie et de vitamines. Au printemps, les fruits et légumes de saison sont souvent des légumes verts. Leur couleur est due à la chlorophylle qu'ils contiennent.

Cette dernière a des vertus détoxifiantes et permet d'oxygéner et de rééquilibrer l'acidité de l'organisme. C'est justement ce dont on a besoin en cette saison. Comme quoi la nature est bien faite !

LES ALIMENTS DÉTOX

FRUITS	PROPRIÉTÉS
AVOCAT	Riche en bonnes graisses qui aident à chasser les mauvaises graisses accumulées.
CERISE - FRAISE	Riches en vitamine C et en antioxydants pour faire le plein d'énergie.
POIRE - POMME	Riches en fibres douces qui aident à nettoyer le système digestif.

LÉGUMES	PROPRIÉTÉS
ASPERGE - CONCOMBRE	Riches en eau et drainants pour nettoyer notre organisme.
ARTICHAUT - PISSENLIT - RADIS - RADIS NOIR	Nettoient le foie pour éliminer les toxines accumulées.
BETTERAVE - CAROTTE	Riches en beta-carotènes pour un teint lumineux.
BROCOLI - ÉPINARD - MÂCHE - PETIT POIS	Riches en chlorophylle pour purifier l'organisme.
PERSIL - TOMATE	Riches en vitamine C pour se rebooster.

PLAN ALIMENTAIRE 3 JOURS

BOISSON DÉTOX À VOLONTÉ

(à consommer à raison d'au moins 1 litre par jour) :
Eau détox radis-concombre **[p. 16]**

REPAS	JOUR 1	JOUR 2	JOUR 3
PETIT DÉJEUNER	À jeun 30 minutes avant votre petit déjeuner : 1 verre d'eau tiède + 1 cuil. à café de jus de citron		
	Une tisane détox Galettes de riz soufflé complet et une compote de pommes sans sucres ajoutés	Une tisane brûle-graisses Un fromage blanc nature (0 % ou 20 %) avec des fruits secs (raisins, abricots, pruneaux, figues…)	Un thé vert sans sucre Un yaourt avec des oléagineux (noix, noisettes, amandes, noix de cajou…)
DÉJEUNER	Taboulé aux tomates cerises et abricots secs Cabillaud aux olives et artichauts **[p. 24]** Gelée de fruits rouges au thé vert **[p. 30]**	Œuf cocotte aux asperges **[p. 20]** Riz complet au jambon de dinde et brocolis Clafoutis léger aux cerises **[p. 32]**	Salade de mâche aux raisins secs Salade de quinoa au poulet et feta **[p. 26]** Yaourt de brebis
DÎNER	Soupe artichaut-panais **[p. 18]** Pois chiches et épinards rôtis à l'huile d'olive et au curcuma Poire farcie au chèvre frais	Carottes râpées et vinaigrette au cumin Salade de lentilles corail et betteraves à la feta **[p. 28]** Fraises au fromage blanc, miel et amandes effilées	Velouté de navets et pissenlits **[p. 22]** Omelette aux petits pois Mousse fraise-avocat **[p. 34]**

EN CAS DE PETITE FAIM

Une tisane détox ou brûle-graisses ou un thé vert sans sucre
Un fruit ou quelques fruits secs ou oléagineux

PRINTEMPS

BOISSON

UNE BOISSON FRAÎCHEUR REVITALISANTE
À SIROTER SANS MODÉRATION

Eau détox radis-concombre

INGRÉDIENTS
POUR 1 LITRE DE BOISSON

10 radis roses • ½ concombre
Le jus d'un citron
1 l d'eau minérale ou filtrée

RÉALISATION

Découpez les radis et le concombre en fines lamelles à l'aide d'un couteau, d'un robot ou d'une mandoline.

Mettez le tout dans un pichet ou un pot de 1 litre.

Ajoutez le jus d'un citron puis l'eau. Laissez reposer au minimum 1 heure au frigo ou au mieux toute une nuit.

Consommez cette boisson dans les 24 heures, tout au long de la journée.

PRÉPARATION 15 min

REPOS 1 h mini

L'ALLIANCE

concombre et citron

Le concombre est constitué à plus de 95 % d'eau et stimule la circulation sanguine et lymphatique. Associé au citron qui nettoie notre organisme, cette boisson permettra d'éliminer les toxines efficacement. Vous pourrez ensuite déguster les rondelles de légumes en salade ou dans un fromage blanc afin de profiter au maximum de leurs propriétés.

PRINTEMPS

ENTRÉE

UNE SOUPE ORIGINALE,
POUR ALLIER DÉTOX ET RÉCONFORT

Soupe artichauts et panais au pesto de coriandre

INGRÉDIENTS
POUR 4 PERS.

4 fonds d'artichauts • 600 g de panais
1 cube de bouillon de légumes • 1 oignon • 800 ml d'eau
Le jus d'un citron • 2 cuil. à soupe d'huile d'olive
Quelques feuilles de coriandre

RÉALISATION

Dans une cocotte, faites bouillir 1 litre d'eau avec le bouillon cube. Pendant ce temps, épluchez et découpez les panais et l'oignon.

Quand l'eau est à ébullition, ajoutez les panais, l'oignon et les fonds d'artichaut.

Faites cuire 20 minutes à petit bouillon et à couvert.

Enlevez du feu et mixez avec un mixeur plongeant ou un robot jusqu'à ce que la texture soit bien lisse.

Ajoutez le jus de citron et remettez à chauffer à feu doux 10 minutes.

Pendant ce temps, hachez finement les feuilles de coriandre et mélangez-les à l'huile d'olive pour réaliser le pesto. Servez cette soupe bien chaude avec le pesto de coriandre.

PRÉPARATION 10 min

CUISSON 30 min

LE PANAIS...
ce légume oublié

Le panais est un légume ancien un peu oublié qui revient prendre sa revanche sur nos étalages. Riche en vitamines et minéraux, il est tout à fait approprié de le remettre au goût du jour.

Si vous n'arrivez pas à en trouver, vous pourrez le remplacer par un mélange de pommes de terre et carottes dans cette recette.

PRINTEMPS

ENTRÉE

UNE ENTRÉE APPÉTISSANTE,
POUR LE PLAISIR DES YEUX ET DES PAPILLES

Œufs cocotte aux asperges et petits pois

INGRÉDIENTS POUR 4 PERS.

4 œufs • 8 asperges vertes cuites
4 cuil. à soupe de petits pois frais, surgelés ou en boîte • Sel, poivre

RÉALISATION

Préchauffez le four à 200 °C (th. 6-7).

Dans quatre ramequins, répartissez les asperges et les petits pois.

Cassez un œuf délicatement dans chaque ramequin puis salez et poivrez.

Enfournez dans un bain-marie pendant 10 à 15 minutes jusqu'à ce que le blanc soit cuit.

Servez aussitôt et dégustez bien chaud.

PRÉPARATION 20 min

CUISSON 15 min

LES ŒUFS...

bio ou pas bio ?

Les œufs bios ont des teneurs en oméga 3 plus élevées que les autres et n'ont aucun colorant ajouté. Leur goût est plus prononcé et les poules sont élevées dans des conditions correctes, sans OGM et sans antibiotiques.

Autant donc profiter d'une détox pour consommer des aliments plus naturels !

PRINTEMPS

ENTRÉE

UN VELOUTÉ TRÈS VERT QUI METTRA LE PISSENLIT
À L'HONNEUR EN DÉBUT DE REPAS

Velouté de navets
et pissenlits

INGRÉDIENTS

POUR 4 PERS.

4 grosses poignées de pissenlits • 200 g de navets
200 g de pommes de terre • 1 oignon • 1 bouillon cube de légumes
4 cuil. à café d'huile de noix • Vinaigre blanc

RÉALISATION

Dans une cocotte, faites bouillir 1 litre d'eau avec le bouillon cube. Nettoyez soigneusement les pissenlits et faites-les tremper dans de l'eau et du vinaigre blanc pendant 10 minutes afin de les désinfecter.

Épluchez et découpez les navets, les pommes de terre et l'oignon. Rincez et égouttez les pissenlits.

Quand l'eau est à ébullition, ajoutez tous les légumes.

Faites cuire 20 minutes à petit bouillon et à couvert.

Enlevez du feu et mixez avec un mixeur plongeant ou un robot jusqu'à ce que la texture soit bien lisse. Remettez à chauffer à feu doux 10 minutes.

Servez bien chaud et ajoutez 1 cuillère à café d'huile de noix sur chaque bol.

PRÉPARATION
20 min

CUISSON
40 min

LES PISSENLITS...

souvenirs de nos campagnes

Les pissenlits, bien que souvent oubliés, se trouvent très facilement dans nos campagnes. Attention de les cueillir dans des endroits non pollués par des routes ou des élevages car ils captent facilement ce qui se trouve dans le sol. C'est pourquoi il est important de bien les laver, ce qui évite également d'y retrouver certains parasites. L'huile de noix se marie très bien avec le pissenlit et apporte une belle quantité d'oméga 3 qui aide à éliminer les mauvaises graisses. Si vous ne trouvez pas de pissenlits pour cette recette, vous pourrez les remplacer par de la mâche ou des épinards frais.

UN PLAT PRINTANIER POUR FAIRE LE PLEIN
DE SAVEURS ET DE VITAMINES

Cabillaud aux olives *et artichauts*

INGRÉDIENTS POUR 4 PERS.

4 dos de cabillaud • 8 fonds d'artichauts
Une dizaine d'olives noires dénoyautées • 3 cuil. à soupe d'huile d'olive
1 oignon nouveau ou oignon blanc • 1 petit bouquet de persil • Sel, poivre

RÉALISATION

Préchauffez le four à 200 °C (th. 6-7). Pendant ce temps, découpez les olives en rondelles et l'oignon en fines lamelles.

Hachez finement le persil et mélangez bien avec 2 cuillères à soupe d'huile d'olive pour faire un pesto.

Déposez les dos de cabillaud dans un plat allant au four.

Salez et poivrez. Répartissez le pesto de persil, les olives et l'oignon par-dessus.

Rajoutez une feuille d'aluminium sur le plat et enfournez une quinzaine de minutes.

Pendant ce temps, faites griller dans une poêle les fonds d'artichauts avec 1 cuillère à soupe d'huile d'olive, le sel et le poivre à feu doux et à couvert pendant une dizaine de minutes.

Servez poisson et artichauts en même temps et dégustez.

PRÉPARATION 15 min

CUISSON 15 min

LE CABILLAUD...

ami de la détox

Avec son taux de matières grasses inférieur à 2 % et sa richesse en protéines, le cabillaud est un allié intéressant. La cuisson au four ou à la vapeur permet de bien lui faire prendre le goût de son assaisonnement. Pour les plus pressés, vous pouvez également faire cuire cette recette dans un récipient adapté au micro-ondes pendant 5 à 7 minutes. Un cuiseur-vapeur peut aussi être utilisé.

· PRINTEMPS ·

PLAT

UNE SALADE VITAMINÉE
ET PROTÉINÉE POUR FAIRE LE PLEIN D'ÉNERGIE

Salade de quinoa au poulet et avocat

INGRÉDIENTS POUR 4 PERS.

4 filets de poulet • 250 g de quinoa cru • 1 avocat • 4 tomates
1 oignon nouveau ou oignon blanc • Une vingtaine de noix de cajou
2 cuil. à soupe d'huile d'olive • 1 cuil. à soupe de jus de citron
1 cuil. à café de curry • Sel, poivre

RÉALISATION

Faites cuire le quinoa comme indiqué sur le paquet.

Détaillez le poulet en petits dés, salez, poivrez et faites-le griller une dizaine de minutes dans une poêle antiadhésive avec 1 cuillère à soupe d'huile d'olive.

Pendant ce temps, découpez les tomates, l'oignon et l'avocat épluchés en petits morceaux.

Une fois le quinoa cuit, égouttez-le et rincez-le sous l'eau froide puis versez-le dans un saladier.

Mélangez le quinoa avec 1 cuillère à soupe d'huile d'olive et une cuillère à soupe de jus de citron.

Ajoutez le poulet cuit, les tomates, l'avocat, l'oignon et les noix de cajou.

Ajoutez le curry, salez, poivrez et remuez délicatement. Réservez au frais ou consommez directement.

PRÉPARATION 20 min

CUISSON 15 min

LE QUINOA...

des ressources insoupçonnées

Le quinoa est une pseudo-céréale devenue très tendance ces dernières années. Cette petite graine regorge en effet de vitamines, minéraux et protéines fort intéressants. Très rapide à préparer, il trouvera sa place à table sous forme de salade ou en accompagnement de plats. N'ayant pas un goût très prononcé, il est conseillé de l'associer à des légumes, épices ou sauces qui relèveront sa saveur.

PRINTEMPS

PLAT

UNE SALADE VÉGÉTARIENNE SAVOUREUSE
POUR UNE DÉTOX HAUTE EN COULEUR

Salade de lentilles corail aux betteraves et à la feta

INGRÉDIENTS

POUR 4 PERS.

250 g de lentilles corail • 200 g de betteraves cuites
120 g de feta • 1 oignon rouge • 2 cuil. à soupe d'huile d'olive
2 cuil. à soupe de jus de citron • 1 cuil. à café de cumin
Quelques feuilles de menthe fraîche • Sel, poivre

RÉALISATION

Faites cuire les lentilles corail au temps indiqué sur le paquet, ne pas le dépasser au risque de retrouver ses lentilles en purée.

Pendant ce temps, découpez les betteraves et la feta en petits dés et l'oignon rouge en fines lamelles.

Une fois les lentilles cuites, égouttez-les et rincez-les sous l'eau froide puis versez-les dans un saladier.

Mélangez les lentilles avec 2 cuillères à soupe d'huile d'olive et 2 cuillères à soupe de jus de citron.

Ajoutez les betteraves, l'oignon et la feta. Ajoutez le cumin, salez, poivrez et remuez délicatement.

Réservez au frais ou consommez directement en parsemant de quelques feuilles de menthe.

PRÉPARATION 20 min

CUISSON 15 min

LA FETA...

une saveur inimitable

La feta est un fromage d'origine grecque réalisé à partir de lait de brebis, parfois additionné de lait de chèvre. En plus de rehausser le goût de vos plats, elle contient des protéines et des vitamines intéressantes, notamment la vitamine B12 qu'on trouve habituellement dans la viande et le poisson.

Elle sera donc particulièrement recommandée pour les végétariens. Ce fromage étant très salé et aussi gras qu'un fromage classique, on le consommera tout de même avec modération.

PRINTEMPS

DESSERT

UN DESSERT AU DESIGN PARFAIT,
POUR UNE DÉTOX CHIC ET GOURMANDE

Gelée de fruits rouges au thé vert

INGRÉDIENTS POUR 4 PERS.

500 g de fruits rouges frais (ou décongelés)
1 sachet de thé vert nature • 600 ml d'eau • 4 cuil. à café de miel
3 g d'agar-agar • Quelques feuilles de menthe fraîche

RÉALISATION

Dans une casserole, diluez l'agar-agar dans l'eau et portez à ébullition pendant 3 minutes.

Ôtez du feu, ajoutez le miel et remuez. Faites ensuite infuser le thé et quelques feuilles de menthe dans la casserole pendant 5 minutes.

Pendant ce temps répartissez les fruits rouges dans quatre ramequins, verrines ou moules.

Ôtez le sachet de thé puis versez délicatement le liquide dans les récipients.

Laissez refroidir à température ambiante, puis réservez au frais au minimum 2 heures jusqu'à ce que la gelée prenne.

Une fois refroidis, vous pouvez démouler vos dômes ou les déguster dans les verrines.

PRÉPARATION 15 min

REPOS 2 h

L'AGAR-AGAR...

pour des présentations à l'infini

Grâce à l'agar-agar, vous pouvez jouer facilement sur la présentation en changeant les formes, les tailles. N'hésitez pas à utiliser des verrines différentes, à faire un cake ou un gâteau à partager. Ce dessert peut également être réalisé en toute saison en variant les fruits et en jouant sur les couleurs. Desserts chics en perspective garantis !

PRINTEMPS

DESSERT

UN DESSERT CLASSIQUE, REVISITÉ EN VERSION LÉGÈRE
POUR LE PLAISIR SANS LES CALORIES

Clafoutis léger aux cerises

INGRÉDIENTS POUR 4 PERS.

400 g de cerises • 4 œufs • 600 ml de lait d'amande
4 cuil. à café de fécule de maïs • 4 cuil. à café de miel
Quelques gouttes d'extrait de vanille naturel

RÉALISATION

Préchauffez le four à 200 °C (th. 6-7).

Dans un saladier, battez les œufs avec la fécule de maïs et le miel jusqu'à ce que le mélange soit bien homogène.

Ajoutez progressivement le lait d'amande tout en mélangeant régulièrement afin d'éviter les grumeaux.

Ajoutez l'extrait de vanille et mélangez à nouveau.

Répartissez les cerises dans 4 ramequins allant au four.

Versez délicatement la préparation dans chaque récipient.

Mettez au four pendant 15 à 20 minutes jusqu'à ce que le dessus des clafoutis devienne doré.

Consommez tiède ou faites refroidir et réservez au frais avant de déguster.

PRÉPARATION 10 min

CUISSON 15 min

LE CLAFOUTIS...
le dessert indémodable

Avec cette version légère, plus besoin de se priver pour manger un bon clafoutis. N'hésitez pas à varier les fruits, les laits végétaux (noisette, soja, avoine, riz...) ou les arômes (fleur d'oranger, citron, orange...). Privilégiez les arômes naturels qui proviennent directement des plantes et qui ne sont pas des molécules reconstituées chimiquement. Pour une cuisson express, vous pouvez faire cuire les clafoutis 5 à 7 minutes au micro-ondes à puissance moyenne.

UN DESSERT ORIGINAL, POUR LA DÉCOUVERTE
DE SAVEURS ET DE TEXTURES SURPRENANTES

Mousse fraise-avocat

INGRÉDIENTS POUR 4 PERS.

400 g de fraises • 1 avocat • 200 g de fromage blanc nature à 20 % • 4 cuil. à café de miel

RÉALISATION

Lavez, équeutez et coupez les fraises, épluchez et coupez l'avocat.

Dans un robot, mixez les fraises avec le fromage blanc jusqu'à avoir une texture homogène.

Ajoutez le miel et l'avocat et mixez à nouveau pour obtenir une crème bien lisse.

Répartissez la crème dans des verrines ou ramequins et réservez au frais au minimum 30 minutes avant de déguster.

PRÉPARATION 10 min

REPOS 30 min

L'AVOCAT...
il s'invite aussi dans vos desserts

L'avocat est rarement consommé sucré ce qui est fort dommage car il se marie très bien aux saveurs fruitées et au chocolat. Riche en bonnes graisses, il permet ainsi d'éviter l'ajout de crème ou de beurre, graisses moins intéressantes pour notre organisme. Bien que très bon pour la santé, l'avocat reste tout de même assez calorique, à déguster donc en petites quantités.

C'est L'ÉTÉ

POURQUOI...

...la détox EN ÉTÉ ?

L'ARRIVÉE DE L'ÉTÉ EST UN CHANGEMENT DE SAISON QUI BOULEVERSE UN PEU NOTRE RYTHME DE VIE.

Le soleil et les chaleurs sont déjà là et les vacances arrivent à l'horizon. C'est un moment idéal pour se détendre et chouchouter notre corps en le libérant de ses toxines. Débordés dans nos vies sociales avec les repas de fin d'année scolaire et les barbecues qui s'imposent, l'arrivée de l'été est aussi souvent bien chargée en calories. Notre corps stocke également beaucoup de toxines quand la fatigue s'accumule et que les repas sont moins équilibrés. Si l'on veut pouvoir être au mieux de sa silhouette dans son maillot de bain, un petit nettoyage de l'organisme est préconisé. La détox estivale sera destinée à purifier l'organisme et à s'alléger afin de profiter pleinement de cette saison. Nous utiliserons surtout les fruits et légumes de saison très diversifiés, pour leurs propriétés drainantes et détoxifiantes. La détox d'été est sans doute la plus facile, car la chaleur donne envie de fraîcheur et invite à moins manger. Aux repas nous avons surtout envie d'aliments plus légers et qui réhydratent. Il est en effet très important de consommer beaucoup d'eau et d'aliments qui en contiennent pour nettoyer l'organisme efficacement.

En été notre niveau d'énergie est au maximum, les jours sont très longs et nous incitent à bouger plus, ce qui va renforcer les effets du planning alimentaire. L'activité physique aide beaucoup à éliminer les toxines, il est donc intéressant de profiter des beaux jours pour marcher, nager, faire du vélo...

Au début de vos vacances vous aurez tout le temps nécessaire pour organiser votre détox. Vous pourrez ainsi profiter au mieux de la suite des congés avec une forme optimale. Profitez également de ces trois jours pour prendre soin de vous et vous reposer. Vous ne pourrez repartir que mieux ensuite et garder des bonnes habitudes détox au quotidien. Alors, tirez profit de cette saison pour vous remettre en forme et vivre vos vacances avec une énergie maximale !

Plan détox été

Ce plan alimentaire détox permet d'avoir un apport en vitamines et de drainer les toxines afin de se sentir plus léger. En été, les fruits et légumes de saison sont principalement des fruits gorgés d'eau et de vitamines.

Choisissez-les le plus naturel possible afin de bénéficier entièrement de leurs propriétés.

LES ALIMENTS DÉTOX

FRUITS	PROPRIÉTÉS
PASTÈQUE - MELON	Riches en eau, ils permettent de se réhydrater et drainer.
FRAISE - FRAMBOISE	Riches en vitamine C et en antioxydants pour faire le plein d'énergie.
ABRICOT - NECTARINE - PÊCHE	Riches en fibres douces qui aident à nettoyer le système digestif.
FIGUE - PRUNE	Riches en flavonoïdes, de puissants antioxydants, et en fibres insolubles pour stimuler les intestins.

LÉGUMES	PROPRIÉTÉS
CÉLERI - COURGETTE	Nettoient le foie pour éliminer les toxines accumulées. Riches en potassium pour un effet diurétique.
AUBERGINE	Riches en fibres pour un effet coupe-faim.
SALADE VERTE	Riches en chlorophylle pour purifier l'organisme.
BASILIC - PERSIL - POIVRON - TOMATE	Riches en vitamine C pour se rebooster.

PLAN ALIMENTAIRE 3 JOURS

BOISSON DÉTOX À VOLONTÉ

(à consommer à raison d'au moins 1 litre par jour):
Thé glacé gingembre et citron vert **[p. 40]**

REPAS	JOUR 1	JOUR 2	JOUR 3
	À jeun 30 minutes avant votre petit déjeuner: 1 verre d'eau tiède + 1 cuil. à café de jus de citron		
PETIT DÉJEUNER	Une tisane détox 1 petit bol de salade de fruits frais et quelques oléagineux (noix, noisettes, amandes, noix de cajou…)	Une tisane brûle-graisses Un smoothie : 1 fruit frais (pêche, abricot, figue) mixé avec 1 petit verre de lait végétal (lait d'amande, noisette, soja)	Un thé vert sans sucre 1 petit bol de salade de fruits frais et quelques oléagineux (noix, noisettes, amandes, noix de cajou…)
DÉJEUNER	Salade de lentilles Filets de poulet marinés au citron et compotée de poivrons au miel **[p.48]** Salade de fraises à la menthe	Gaspacho de pastèque et avocat **[p.42]** Dorade rôtie aux tomates séchées **[p.50]** Smoothie framboise et lait d'amande	Granité de melon au concombre et poivron **[p.46]** Brochettes de dinde à l'ananas et tomates cerises Yaourt de chèvre et cranberries
DÎNER	Salade de mâche au melon et tomates cerises **[p.44]** Maquereau grillé au curcuma Abricots marinés au citron	Artichaut vinaigrette Courgettes et dés de tofu grillés au curry Figues rôties au miel et amandes **[p.56]**	Salade de concombre sauce yaourt au basilic Œuf en cocotte d'aubergine **[p.52]** Soupe de pêches à la vanille et à la menthe **[p.58]**

EN CAS DE PETITE FAIM

Une tisane détox ou brûle-graisses ou un thé vert sans sucre
Un fruit ou quelques fruits secs ou oléagineux

BOISSON

UNE BOISSON ULTRA FRAÎCHE À CONSOMMER
TOUTE LA JOURNÉE SANS CULPABILITÉ

Thé glacé gingembre et citron vert

INGRÉDIENTS

POUR 1 LITRE DE BOISSON

1 sachet de thé vert • 1 citron vert non traité
1 petit morceau de racine de gingembre
1 l d'eau minérale ou filtrée • Glaçons

RÉALISATION

Dans une casserole, râpez le gingembre pour en avoir l'équivalent d'une cuillère à café.

Râpez également le citron pour extraire le zeste. Pressez-le ensuite et rajoutez le jus.

Ajoutez 1 litre d'eau minérale et faites chauffer l'eau.

Quand l'eau atteint l'ébullition, retirez la casserole du feu et laissez infuser le sachet de thé pendant 5 minutes.

Laissez reposer à température ambiante puis mettez la boisson dans une carafe ou une bouteille au frigo pendant au moins 2 heures.

Consommez cette boisson tout au long de la journée en rajoutant des glaçons si vous voulez qu'elle soit bien fraîche.

PRÉPARATION 10 min

REPOS 2 h mini

LE GINGEMBRE...

la racine tonifiante

Le gingembre est couramment utilisé pour améliorer la digestion et redonner de l'énergie. Ses propriétés sont aussi reconnues pour renforcer l'immunité. Ayez toujours une racine à râper chez vous, pour les boissons chaudes ou pour les plats de légumes ou de viande où il donnera un goût asiatique très sympathique. Énergie et vitalité garanties toute l'année !

ENTRÉE

QUI DIT QUE L'ON NE PEUT PAS
MANGER DE SOUPE L'ÉTÉ ?

Gaspacho de pastèque et avocat

INGRÉDIENTS
POUR 4 PERS.

600 g de pastèque • 200 g de tomates • 1 avocat
Le jus d'un citron • Quelques feuilles de menthe • 4 glaçons

RÉALISATION

Dans un mixeur, placez les tomates et la pastèque découpées en gros morceaux.

Ajoutez le jus de citron, quelques feuilles de menthe et 4 glaçons et mixez jusqu'à avoir une consistance homogène.

Découpez l'avocat en lamelles et déposez-les sur la préparation avant de servir avec des petites feuilles de menthe.

Si vous ne consommez pas le gaspacho tout de suite vous pouvez laisser la préparation au frigo et mixer avec les glaçons au dernier moment.

PRÉPARATION

10 min

LE FROID...
brûleur de calories naturel

Le froid permet de brûler plus de calories et donc plus de graisses. En effet, notre corps utilise l'énergie des calories, stockées sous forme de graisses par exemple, pour se réchauffer. Le terme calorie vient d'ailleurs de « calor », chaleur. N'hésitez donc pas à boire très frais l'été pour profiter de la chaleur de la plage en maillot de bain!

ENTRÉE

UNE SALADE COLORÉE,
POUR UNE DÉTOX RESPLENDISSANTE

Salade de mâche au melon
et tomates cerises

INGRÉDIENTS
POUR 4 PERS.

4 poignées de mâche • 1 melon • Une quinzaine de tomates cerises
½ oignon rouge • 2 cuil. à soupe d'huile d'olive • 2 cuil. à soupe de jus de citron • 1 cuil. à soupe de sauce soja

RÉALISATION

Lavez et essorez la salade.

Coupez les tomates cerises en deux et l'oignon en lamelles.

Épluchez et coupez le melon en petits dés ou réalisez des billes avec une cuillère spéciale.

Dans un saladier, mélangez l'huile d'olive, la sauce soja et le jus de citron.

Ajoutez la salade puis les tomates, l'oignon et le melon.

Gardez au frais et remuez juste avant de servir.

PRÉPARATION

15 min

LA SAUCE SOJA…

à garder toujours sous le coude

La sauce soja a de nombreux avantages. Très peu calorique, très digeste, elle renforce notre système digestif et protège nos vaisseaux. Son goût salé et asiatique relèvera vos plats avec charme et discrétion. Accommodez-la avec vos viandes blanches, poissons, légumes, pâtes, riz… tout est possible ! Attention à ne pas choisir la version sucrée, qui sera plus riche en calories…

ENTRÉE

UNE VERSION EXPRESS DU GRANITÉ
À CALORIES RÉDUITES ET FRAÎCHEUR GARANTIE

Granité de melon au concombre et poivron

INGRÉDIENTS POUR 4 PERS.

½ concombre • 1 melon • 1 poivron • Sel, poivre
Quelques feuilles de basilic 1 cuil. à soupe de jus de citron

RÉALISATION

La veille ou 2 heures minimum avant, découpez le concombre en petits dés et mettez-le au congélateur. Conservez bien le melon et le poivron au frigo.

Juste avant de consommer le granité, sortez le concombre du congélateur et mettez-le dans un mixeur.

Épluchez et découpez le melon en dés et le poivron en petits morceaux.

Ajoutez-les dans le mixeur avec le jus de citron et le basilic. Mixez jusqu'à avoir la texture du granité.

Répartissez le granité obtenu dans des verrines. Vous pouvez rajouter quelques morceaux de poivron et concombre crus pour la décoration.

Consommez immédiatement ou réservez quelques minutes au frigo.

PRÉPARATION

15 min

LE CITRON...

conservateur 100 % naturel

Le citron contient de l'acide citrique, un puissant antioxydant naturel très fréquemment utilisé sous forme synthétique dans l'agroalimentaire. Son acidité empêche les aliments de s'oxyder et donc de se détériorer. Chez vous, il sera très utile dans son état naturel pour vos préparations à base de fruits et légumes crus afin d'éviter qu'ils noircissent et pour conserver leurs propriétés.

PLAT

UN PLAT RICHE EN SAVEURS DU SUD,
POUR UNE DÉTOX TENDRE ET ENSOLEILLÉE

Filets de poulet marinés au citron et compotée de poivrons au miel

INGRÉDIENTS POUR 4 PERS.

Pour la marinade : 4 filets de poulet • 1 cuil. à soupe d'huile d'olive • 4 cuil. à soupe de jus de citron • 3 cuil. à soupe de sauce soja • 1 petit bouquet de basilic • Sel, poivre
Pour la compotée : 3 poivrons rouges • 1 oignon • 2 gousses d'ail • 1 cuil. à café de miel • 2 cuil. à soupe d'huile d'olive • Sel, poivre

RÉALISATION

La marinade :
Dans un plat allongé et creux, mélangez l'huile d'olive avec le jus de citron, la sauce soja et le basilic.

Disposez les filets de poulet dans le plat afin qu'ils trempent au moins de moitié dans la sauce.

Recouvrez le plat d'un film plastique et réservez-le au frais le temps de préparer la compotée de poivrons.

La compotée de poivrons :
Découpez les poivrons et l'oignon en petits morceaux et hachez l'ail. Mettez le tout dans une casserole et ajoutez l'huile d'olive.

Salez, poivrez et faites cuire à feu très doux pendant une vingtaine de minutes en remuant régulièrement pour ne pas que le mélange accroche à la casserole.

Une fois les poivrons bien cuits, ajoutez le miel, remuez et réservez la casserole au chaud.

Le dressage :
Ôtez les filets de poulet de leur plat et déposez-les dans une poêle antiadhésive en rajoutant le reste de marinade. Salez, poivrez et faites cuire à feu moyen et à couvert pendant une dizaine de minutes.

Servez le poulet bien chaud avec la compotée de poivrons et dégustez.

PRÉPARATION 20 min

CUISSON 30 min

LES MARINADES...

pour une cuisson tendre et saine

Les marinades ont plusieurs avantages. Elles permettent d'attendrir la viande ou le poisson, les rendant ainsi très moelleux après cuisson. Si on ajoute un liquide acide comme le citron ou le vinaigre, les aliments sont également précuits, ce qui diminue ensuite le temps de cuisson et rend plus digestes les protéines. Un grand intérêt de la marinade est aussi de parfumer les aliments grâce au repos dans un mélange de corps gras et d'aromates. Avec la marinade, plus besoin d'ajouter de matières grasses pour la cuisson, l'aliment étant déjà légèrement huilé.

PLAT

POUR DÉGUSTER UN POISSON DANS VOTRE CUISINE
COMME EN BORD DE MER

Dorade rôtie aux tomates séchées

INGRÉDIENTS POUR 4 PERS.

4 filets de dorade frais • Une quinzaine de tranches de tomates séchées dans l'huile • 2 gousses d'ail • 1 oignon • 1 cuil. à café d'herbes de Provence
Quelques pincées de piment d'Espelette ou de paprika • Sel, poivre

RÉALISATION

Hachez finement l'ail et l'oignon.

Mettez-les dans une poêle antiadhésive avec les tomates séchées et prélevez 2 cuillères à soupe de leur huile. Ajoutez les herbes de Provence et faites chauffer 5 à 8 minutes à feu moyen jusqu'à ce que l'oignon devienne translucide.

Retirez les éléments solides de la poêle et réservez au chaud. Faites chauffer la poêle avec l'huile restante à feu élevé pendant quelques secondes puis déposez les filets de dorade côté peau.

Laissez cuire 1 minute, jusqu'à ce que le poisson commence à blanchir puis retournez délicatement les filets.

Assaisonnez le côté peau avec sel, poivre et piment d'Espelette. Remettez le mélange de tomates dans la poêle à côté du poisson et laissez 1 minute sur le feu.

Servez aussitôt et accompagnez par exemple d'une salade de roquette.

PRÉPARATION 15 min

CUISSON 15 min

LA TOMATE SÉCHÉE...

un trésor dans votre assiette

La tomate séchée est encore plus intéressante nutritionnellement que la tomate fraîche. En se desséchant, les vitamines et minéraux se concentrent et la tomate devient plus antioxydante, diurétique et détoxifiante. Avec son goût prononcé, quelques morceaux suffisent à rehausser les saveurs de vos plats. Si les tomates sont conservées dans l'huile, il est conseillé de bien les égoutter ou d'utiliser cette huile afin de cuire d'autres aliments, comme dans cette recette.

UN PLAT ORIGINAL ET TRÈS SIMPLE À RÉALISER
QUI ÉPATERA TOUT LE MONDE

Œuf en cocotte d'aubergine

INGRÉDIENTS POUR 4 PERS.

2 grosses aubergines • 4 œufs • 1 oignon
1 gousse d'ail • 2 cuil. à soupe de concentré de tomates
Quelques pincées de curcuma • Sel, poivre

RÉALISATION

Coupez les aubergines en deux et faites les cuire à la vapeur pendant 15 minutes (ou au micro-ondes dans un récipient adapté pendant 10 minutes).

Préchauffez le four à 200 °C (th. 6-7).

Pendant que les aubergines cuisent, commencez à réaliser la farce. Hachez l'ail et l'oignon et mélangez-les avec le concentré de tomates dans un saladier.

Quand les aubergines sont cuites, retirez délicatement un peu de chair en gardant la peau intacte et ajoutez cette chair au mélange précédent.

Salez, poivrez, ajoutez le curcuma et mélangez bien la farce.

Remettez la farce dans la peau des aubergines en laissant un trou au milieu. Cassez un œuf dans chaque trou.

Faites cuire au four pendant une dizaine de minutes, jusqu'à ce que l'œuf soit bien cuit.

Servez aussitôt en accompagnant le plat d'une salade ou de riz complet par exemple.

PRÉPARATION 15 min

CUISSON 25 min

UNE VARIANTE DE COCOTTES DE LÉGUMES...

le poivron farci à la courgette et œuf

La recette est la même sauf que vous utilisez des poivrons cuits au préalable, et que vous les farcissez avec un mélange de courgette râpée, oignon, ail, et concentré de tomates. À tester sans attendre !

DESSERT

UN DESSERT FRUITÉ ET ACIDULÉ
POUR UNE DÉTOX FRAÎCHE ET GOURMANDE

Abricots marinés au citron vert

INGRÉDIENTS POUR 4 PERS.

12 abricots bien mûrs • 2 citrons verts
1 cuil. à soupe de pignons • 400 ml d'eau • 4 cuil. à café de miel
Quelques feuilles de menthe fraîche

RÉALISATION

Coupez les abricots en deux et ôtez les noyaux. Disposez-les à plat face en bas dans un plat long et résistant au chaud et parsemez avec les pignons.

Prélevez les zestes et le jus des citrons verts et mettez-les dans une casserole avec l'eau, puis portez à ébullition pendant 2 minutes.

Ôtez du feu, ajoutez le miel et les feuilles de menthe et remuez.

Versez le liquide sur les abricots et laissez refroidir à température ambiante.

Une fois le plat refroidi, réservez au frais pendant au moins 1 heure avant de servir dans de jolies verrines.

PRÉPARATION 15 min

REPOS 1 h mini

LES FRUITS MARINÉS...

pour des desserts détox appétissants

Grâce aux marinades de fruits, vous pouvez créer des desserts riches en goût et pauvres en calories. Le citron cuit légèrement les fruits, ce qui les rend plus digestes.

Le miel a un pouvoir sucrant plus important que le sucre, une petite quantité suffit donc à rehausser le parfum déjà sucré des fruits. N'hésitez pas à varier les fruits, l'ajout de graines (noix, noisettes, amandes, pistaches...) et arômes naturels (vanille, fleur d'oranger...) pour rendre votre dessert encore plus appétissant et vitaminé.

DESSERT

UN DESSERT EXPRESS, POUR FINIR LE REPAS
SUR UNE DOUCEUR DÉTOX DOUCE ET CROUSTILLANTE

Figues rôties au miel et amandes

INGRÉDIENTS POUR 4 PERS.

12 figues • 4 cuil. à café de miel
2 cuil. à soupe d'amandes effilées
Quelques gouttes d'extrait de vanille naturel

RÉALISATION

Préchauffez le four à 220 °C (th. 7-8).

Coupez les figues en quatre sans détacher les quartiers du fond du fruit.

Déposez-les dans un plat allant au four.

Répartissez le miel dans chaque figue puis parsemez d'amandes.
Ajoutez l'exrait de vanille.

Faites cuire 10 minutes jusqu'à ce que les figues soient cuites.

Servez chaud, tiède ou froid en récupérant le jus obtenu lors de la cuisson.

PRÉPARATION 10 min

CUISSON 10 min

LA CUISSON AU FOUR...

saine et pratique

Cuire au four permet d'éviter l'ajout de graisse que l'on met avec une poêle. La cuisson peut également être plus douce pour préserver plus de saveurs et de nutriments. Elle permet aussi d'éviter la formation de molécules qui peuvent être nocives à haute température. N'hésitez donc pas à privilégier la cuisson douce au four, également bien pratique pour ne pas avoir à rester devant les fourneaux. Vous pouvez cuire plusieurs plats à la suite pour éviter de faire chauffer votre four plusieurs fois.

DESSERT

UNE FAÇON ORIGINALE DE METTRE LA PÊCHE À L'HONNEUR,
POUR UNE SOUPE FRAÎCHE TRÈS RAPIDE À RÉALISER

Soupe de pêches à la vanille et à la menthe

INGRÉDIENTS POUR 4 PERS.

4 pêches blanches bien mûres • 600 ml d'eau
1 gousse de vanille ou quelques gouttes d'extrait de vanille
4 cuil. à café de miel • Quelques feuilles de menthe

RÉALISATION

Épluchez et découpez les pêches en quartiers.

Portez l'eau à ébullition dans une casserole et ajoutez les pêches, la vanille et le miel. Faites bouillir doucement pendant 5 minutes.

Hors du feu ajoutez les feuilles de menthe et laissez refroidir à température ambiante.

Répartissez la préparation dans des verrines et réservez au frais pendant au moins 1 heure avant de servir.

PRÉPARATION
10 min

REPOS
1 h mini

LA VANILLE...

la fleur ancestrale et vertueuse

La vanille est issue d'une fleur de la famille des orchidées qui était déjà utilisée du temps des Aztèques et des Mayas, tout comme le cacao. Elle possède des propriétés digestives, apaisantes et antiâge grâce aux substances qu'elle contient.

La vanille sous forme de gousse, avec son parfum envoûtant, contient naturellement un peu de sucre ce qui permet d'en limiter l'ajout dans les desserts. Méfiez-vous tout de même de certains extraits de vanille qui peuvent être reconstitués industriellement et qui contiennent parfois beaucoup de sucre.

C'est L'AUTOMNE

POURQUOI…

… la détox EN AUTOMNE ?

L'AUTOMNE EST UNE SAISON DE TRANSITION. ON LAISSE LES CHALEURS DE L'ÉTÉ ET ON SE PRÉPARE À AFFRONTER LES FROIDES JOURNÉES D'HIVER.

Les jours diminuent, on se sent un peu plus fatigué et moins énergique. Alors pour attendre l'hiver en pleine forme, une petite détox est vivement conseillée.

L'été et les vacances nous ont fait accumuler des toxines et le retour du froid ralentit notre métabolisme. Le stress de la rentrée arrive, notre corps doit se réadapter au changement de rythme. Hors de question de s'imposer une diète stricte pour remédier à tout ça. La reprise est déjà assez difficile comme ça, notre corps a besoin d'être remis sur les rails en douceur. Nous cuisinerons des plats réconfortants pour cette détox. En automne, avec la reprise du travail, va devoir s'imposer celle d'une activité physique régulière. Profitez de la rentrée pour vous inscrire dans un club ou une salle de sport. Cela vous incitera à vous y rendre le plus souvent possible. L'activité physique est indispensable pour éliminer les toxines au quotidien. Pendant le plan détox, obligez-vous à bouger au moins 30 minutes tous les jours pour en renforcer les effets. L'automne est souvent le moment où l'on doit s'occuper de remettre en ordre notre maison, ou réaliser les derniers bricolages dans le jardin avant les grands froids ou encore faire un grand ménage de fond. Toutes les occasions sont bonnes pour bouger. Les derniers jours ensoleillés sont également très agréables pour faire de longues marches en admirant les arbres aux feuilles multicolores.

Vous pouvez commencer cette détox dès les premiers jours de reprise après les vacances pour reprendre les bonnes habitudes. Vous pouvez aussi la faire autour de la période du changement d'heure afin de mieux le supporter. Quoi qu'il en soit, savourez cette saison avec des recettes détox et chaleureuses !

Détox automne

Ce plan alimentaire détox inclus des aliments riches en vitamines et avec un effet drainant afin d'éliminer les toxines. En automne, de nouveaux légumes arrivent sur nos marchés. Ce sont principalement des légumes à mijoter ou à cuisiner en soupe.

Comme il y a encore des jours ensoleillés, les salades peuvent encore prendre place à notre table. Tout doucement notre corps nous réclame des plats chauds et réconfortants pour arriver sereinement en hiver.

LES ALIMENTS DÉTOX

FRUITS	PROPRIÉTÉS
KIWI - POMME	Riches en vitamine C et en antioxydants pour faire le plein d'énergie et en fibres pour faciliter le transit.
BANANE - POIRE	Riches en fibres douces qui aident à nettoyer le système digestif.
PRUNE - RAISIN	Riches en flavonoïdes, de puissants antioxydants et en fibres insolubles pour stimuler les intestins.

LÉGUMES	PROPRIÉTÉS
CHOU-FLEUR - CHOU ROUGE OU BLANC - ENDIVE	Riches en potassium pour un effet diurétique.
BROCOLI - CHAMPIGNON - NAVET	Très riches en vitamines et minéraux.
FENOUIL	Facilite la digestion.
ÉPINARD - MÂCHE - SALADE VERTE	Riches en chlorophylle pour purifier l'organisme.

PLAN ALIMENTAIRE 3 JOURS

BOISSON DÉTOX À VOLONTÉ

(à consommer à raison d'au moins 1 litre par jour):
Eau détox kiwi, citron et verveine [p.64]

REPAS	JOUR 1	JOUR 2	JOUR 3
	À jeun 30 minutes avant votre petit déjeuner: 1 verre d'eau tiède + 1 cuil. à café de jus de citron		
PETIT DÉJEUNER	Une tisane détox Un smoothie : 1 fruit frais (poire, banane, pruneau dénoyauté) mixé avec 1 petit verre de lait végétal (lait d'amande, noisette, soja)	Une tisane brûle-graisses 1 yaourt avec quelques oléagineux (noix, noisettes, amandes, noix de cajou...)	Un thé vert sans sucre 1 fromage blanc avec un fruit coupé en morceaux (pomme, poire, banane, kiwi)
DÉJEUNER	Salade de petits pois et champignons sauce yaourt et citron Crevettes à l'asiatique [p.76] et riz thaï Banane au four aux quatre-épices	Carottes râpées sauce citron, huile de noix et cumin Dinde rôtie aux épinards crémeux [p.72] et quinoa Soupe de pommes aux quatre-épices [p.80]	Coleslaw [p.68] Endives au jambon et crème de soja Pancakes de kiwi au gingembre [p.82]
DÎNER	Soupe de chou-fleur aux noisettes et curcuma [p.66] Duo de boulgour et lentilles aux oignons Tajine de poires aux fruits secs et épices [p.78]	Velouté de brocolis [p.70] Poêlée de navets et pommes de terre au thon et curry Smoothie kiwi-poire au lait de noisette	Salade de mâche aux raisins et aux noix Quiche légère aux champignons [p.74] Yaourt de brebis et pruneaux

EN CAS DE PETITE FAIM

Une tisane détox ou brûle-graisses ou un thé vert sans sucre
Un fruit ou quelques fruits secs ou oléagineux

UNE BOISSON ORIGINALE
POUR SE DÉTOXIFIER TOUTE LA JOURNÉE

Eau détox
kiwi, citron et verveine

INGRÉDIENTS
POUR 1 LITRE DE BOISSON

1 kiwi • 1 citron non traité
Quelques feuilles de verveine fraîche
ou 1 sachet d'infusion • 1 l d'eau minérale ou filtrée

RÉALISATION

Mettez l'eau à bouillir dans une casserole.
Hors du feu, faites infuser la verveine pendant 10 minutes.
Faites refroidir à température ambiante pendant 30 minutes.

Une fois l'infusion refroidie, épluchez et découpez le kiwi en tranches. Rincez et découpez le citron en tranches

Mettez le tout dans un pichet ou un pot de 1 litre.
Ajoutez l'infusion de verveine. Laissez reposer au minimum 1 h 30 au frigo ou au mieux toute une nuit.

Consommez cette boisson dans les 24 heures tout au long de la journée.

PRÉPARATION 15 min

REPOS 1 h 30 minimum

LA VERVEINE...

une fraîcheur citronnée et santé

La verveine possède des vertus digestives intéressantes. Vous pouvez également la consommer directement en infusion chaude avec quelques gouttes de jus de citron après le repas ou avant de vous coucher. La verveine est une plante qui se cultive facilement, n'hésitez donc pas à lui trouver une place dans votre potager ou sur votre balcon.

AUTOMNE

ENTRÉE

UNE SOUPE ORIGINALE AVEC DE L'ONCTUOSITÉ
ET DU CROQUANT QUI RAVIRA TOUT LE MONDE

Soupe de chou-fleur aux noisettes et curcuma

INGRÉDIENTS POUR 4 PERS.

1 chou-fleur • 2 pommes de terre
1 cube de bouillon de légumes • 1 oignon • 800 ml d'eau
Une vingtaine de noisettes • 2 cuil. à café de curcuma

RÉALISATION

Dans une cocotte, faites bouillir 800 ml d'eau avec le bouillon cube. Pendant ce temps, découpez le chou-fleur en fleurettes moyennes.

Épluchez et découpez l'oignon en lamelles et les pommes de terre en gros cubes. Quand l'eau est à ébullition, ajoutez les légumes.

Faites cuire 20 minutes à petit bouillon et à couvert.

Enlevez du feu et mixez avec un mixeur plongeant ou un robot jusqu'à ce que la texture soit bien lisse.

Ajoutez le curcuma et remettez à chauffer à feu doux pendant 10 minutes. Pendant ce temps hachez finement les noisettes et réservez.

Servez cette soupe bien chaude et parsemez-la de noisettes hachées.

PRÉPARATION 20 min

CUISSON 30 min

LA SOUPE...
votre alliée santé

Consommer régulièrement de la soupe permet de se réhydrater et de faire le plein de vitamines. Les soupes peuvent être facilement pauvres en calories et ont un effet de satiété intéressant. Un atout de plus pour ceux qui surveillent leur ligne. Pendant les saisons plus froides, une bonne soupe permettra de se réchauffer et de consommer facilement des légumes. On peut aussi les décliner versions froides pour l'été, pour se rafraîchir cette fois. Dans tous les cas, la diversité des légumes et des associations permet de créer des recettes à l'infini.

AUTOMNE

ENTRÉE

UNE SALADE PLEINE DE VIE ET DE COULEUR
POUR AFFRONTER L'AUTOMNE AVEC LE SOURIRE

Coleslaw aux deux choux et noix de pécan

INGRÉDIENTS POUR 4 PERS.

½ chou rouge • ½ chou blanc
Une quinzaine de noix de pécan • 2 yaourts nature
2 cuil. à soupe d'huile de noix • 2 cuil. à soupe de jus de citron

RÉALISATION

Dans un saladier, mélangez les yaourts avec l'huile de noix et le jus de citron.

Râpez ou mixez avec un robot adapté les deux choux et ajoutez-les au saladier.

Torréfiez, si vous le souhaitez, les noix de pécan dans une poêle à sec pendant quelques minutes, afin de leur conférer plus de saveur.

Ajoutez les noix de pécan sur la salade.

Mélangez avec la sauce juste avant de servir.

PRÉPARATION

20 min

LES NOIX DE PÉCAN...

énergétiques mais avec une grande valeur nutritionnelle

Les noix de pécan sont très caloriques, c'est pourquoi il faut les consommer en petites quantités. Fort heureusement, leur densité nutritionnelle est très riche et il n'y a pas besoin d'en manger beaucoup pour profiter de leurs propriétés. Composées à 75 % de bonnes graisses qui luttent contre le cholestérol, elles sont également riches en protéines, magnésium, potassium et vitamines. La noix de pécan a donc tout pour être incluse dans un plan détox revitalisant.

UN VELOUTÉ TRÈS DOUX ET ONCTUEUX
POUR UNE DÉTOX RÉCONFORTANTE

Velouté de brocolis à l'amande et à la coriandre

INGRÉDIENTS POUR 4 PERS.

600 g de brocolis • 600 ml de lait d'amande
1 oignon • 1 bouillon cube de légumes
1 cuil. à soupe d'huile d'olive • Coriandre • Poivre

RÉALISATION

Découpez le brocoli en fleurettes, pelez et découpez l'oignon en lamelles.

Dans une cocotte, faites revenir le brocoli et l'oignon avec l'huile d'olive pendant 5 minutes. Ajoutez le lait d'amande puis le bouillon cube et laissez mijoter à feu doux pendant 15 minutes.

Enlevez du feu et réservez quelques fleurettes pour la décoration.

Mixez le reste avec un mixeur plongeant ou un robot jusqu'à ce que la texture soit bien lisse. Ajoutez la coriandre et les fleurettes non mixées et remettez à chauffer à feu doux 10 minutes.

Poivrez et servez bien chaud.

PRÉPARATION 20 min

CUISSON 30 min

LE LAIT D'AMANDE...
de la douceur à l'état pur

Le lait d'amande est de plus en plus présent dans nos rayons. C'est une chance car il est très intéressant nutritionnellement. Riche en vitamines, minéraux, peu calorique et sans cholestérol, il est également très facile à digérer et protège nos intestins. Son goût de fruits secs est très agréable et il s'utilise exactement comme du lait dans toutes vos préparations.

Attention tout de même à bien regarder la teneur en sucre de celui que vous achetez car certains en contiennent énormément. Vous pouvez également le fabriquer vous-même à partir d'amandes entières trempées dans de l'eau et mixées.

AUTOMNE

PLAT

UN PLAT RÉCONFORTANT ET VITAMINÉ
POUR SE DÉTOXIFIER EN TOUTE SIMPLICITÉ

Dinde rôtie aux épinards crémeux et aux noix

INGRÉDIENTS POUR 4 PERS.

4 filets de dinde • 600 g d'épinards hachés cuits
2 cuil. à soupe d'huile d'olive • 1 oignon • Une quinzaine de noix
4 cuil. à soupe de crème végétale (soja, amande, avoine) • Sel, poivre
Facultatif : Quelques feuilles d'épinards frais pour servir

RÉALISATION

Émincez les filets de dinde, pelez et hachez l'oignon. Mettez la viande dans une poêle et faites-la griller avec l'huile d'olive et l'oignon 5 minutes de chaque côté.

Ôtez les filets de dinde de la poêle et réservez.

Ajoutez les épinards hachés dans la poêle avec la crème végétale, salez, poivrez et faites chauffer à feu doux pendant 5 minutes.

Déposez les filets de dinde sur les épinards, salez, poivrez et faites chauffer à nouveau 5 minutes à couvert.

Hachez les noix et ajoutez-les au plat juste avant de servir. Vous pouvez également rajouter quelques feuilles d'épinards frais pour agrémenter la présentation.

PRÉPARATION 15 min

CUISSON 15 min

LES CRÈMES VÉGÉTALES...

une innovation bien pratique

Les crèmes végétales permettent de réaliser des plats sans matière grasse animale. Elles sont fabriquées à base de soja, avoine, riz, auxquelles on a ajouté des épaississants naturels et des huiles végétales. Dépourvues de cholestérol, et moins riches en graisses qu'une crème normale, elles seront fort utiles pour chasser nos mauvaises graisses pendant une détox tout en gardant le plaisir de bons petits plats crémeux.

POURQUOI NE PAS SE RÉGALER
AVEC UNE BONNE QUICHE TOUT EN SE DÉTOXIFIANT ?

Quiche légère aux champignons

INGRÉDIENTS POUR 6 PERS.

Pâte : 200 g de farine semi-complète • 40 g d'huile d'olive

Garniture : 800 g de champignons frais • 3 œufs • 300 g de fromage blanc
1 oignon • 1 cuil. à soupe d'huile d'olive • Sel, poivre, herbes de Provence

RÉALISATION

Préchauffez le four à 180 °C (th. 6). Commencez à réaliser la pâte en mélangeant dans un saladier la farine et l'huile avec une pincée de sel.

Rajoutez progressivement de l'eau et mélangez avec une fourchette jusqu'à ce que la pâte commence à se former.

Finissez par mélanger avec les mains afin de former une boule. Réservez la pâte au frais.

Pelez et hachez l'oignon, lavez et découpez les champignons en lamelles. Faites-les revenir dans l'huile avec sel, poivre et herbes de Provence pendant une dizaine de minutes à feu moyen.

Étalez la pâte avec un rouleau sur une feuille de papier sulfurisé et déposez-la dans un moule à tarte.

Répartissez les champignons cuits dedans.

Dans un bol, battez les œufs et le fromage blanc avec une fourchette, salez, poivrez.

Versez la crème sur les champignons et répartissez bien.

Enfournez la quiche pour 40 minutes.

Dégustez bien chaud avec une salade par exemple.

PRÉPARATION 20 min

CUISSON 40 min

LA QUICHE...

des déclinaisons à l'infini

N'hésitez pas à refaire cette recette en variant les légumes. Grâce au fromage blanc, la quiche est légère et digeste. Réaliser soi-même sa pâte est une bonne habitude à prendre. On peut ainsi maîtriser les quantités de graisse et éviter les multiples additifs présents dans les pâtes du commerce. Avec la pratique on arrive à les faire de plus en plus efficacement et on profite à chaque fois du bon goût d'une pâte maison.

UNE RECETTE DÉTOX AUX SAVEURS ASIATIQUES,
POUR UN VOYAGE CULINAIRE INOUBLIABLE

Wok de crevettes à l'asiatique

INGRÉDIENTS POUR 4 PERS.

600 g de queues de crevettes décortiquées • 2 gousses d'ail
2 cuil. à soupe d'huile de sésame • 2 cuil. à soupe de sauce soja
2 cuil. à café de miel • 2 cuil. à café de graines de sésame
2 pincées de gingembre frais râpé ou en poudre

RÉALISATION

Faites revenir dans un wok ou une poêle les crevettes avec l'huile de sésame à feu moyen pendant 5 minutes.

Pelez et hachez l'ail.

Ajoutez-le ensuite avec la sauce soja, le sésame et le gingembre et faites chauffer à feu doux et à couvert pendant 3 minutes.

Ajoutez le miel et mélangez jusqu'à ce que la sauce caramélise légèrement.

Servez les crevettes bien chaudes et accompagnez de légumes vapeur ou de riz thaï.

PRÉPARATION 15 min

CUISSON 10 min

LA CUISINE ASIATIQUE...

au cœur de la détox

La cuisine asiatique utilise souvent des aliments détox et des cuissons très saines. Si on met de côté les fritures, on retrouve beaucoup de cuissons vapeur ou au wok qui sont peu grasses. Les plats sont souvent à base de fruits de mer, de poissons ou de viandes maigres. Les bouillons et wok de légumes sont très présents. Les épices sont beaucoup utilisées, ce qui rajoute des vertus détox supplémentaires!

AUTOMNE

DESSERT

UN DESSERT AUX COULEURS
ET AUX SAVEURS D'AUTOMNE

Tajine de poires aux fruits secs et épices

INGRÉDIENTS POUR 4 PERS.

4 poires • 8 pruneaux • 500 ml d'eau
2 cuil. à soupe d'amandes entières • 2 cuil. à soupe de pignons
1 cuil. à soupe de miel • 1 bâton de cannelle ou ½ cuil. à café de cannelle en poudre • 1 gousse de vanille ou ½ cuil. à café d'extrait de vanille liquide

RÉALISATION

Dans une casserole ou un faitout, portez l'eau à ébullition avec la cannelle, la vanille et le miel.

Épluchez les poires, ôtez le cœur et les pépins et coupez-les en deux puis ajoutez-les dans l'eau avec les pruneaux.

Faites chauffer à couvert et à petit bouillon pendant 10 minutes.

Ajoutez les amandes et les pignons et laissez tiédir avec le couvercle avant de servir.

PRÉPARATION 10 min

CUISSON 15 min

LE TREMPAGE DES OLÉAGINEUX...

une habitude santé bonne à prendre

Quand ils sont secs, les oléagineux contiennent une substance qui les rend moins digestes. Le fait de les faire tremper réveille leur germination et cette substance disparaît. La teneur en vitamines augmente également ainsi que le pouvoir d'absorption des minéraux. Dans cette recette vous pouvez donc faire tremper les amandes et les pignons pendant une nuit avant de les ajouter.

AUTOMNE

DESSERT

UNE IDÉE POUR SE FAIRE PLAISIR
AVEC UNE BONNE SOUPE EN GUISE DE DESSERT ?

Soupe de pommes au quatre-épices

INGRÉDIENTS POUR 4 PERS.

5 pommes • 400 ml d'eau
½ cuil. à café de quatre-épices
4 cuil. à café de miel

RÉALISATION

Dans une casserole, mettez à bouillir l'eau avec le miel.

Épluchez les pommes, ôtez le cœur et les pépins. Réservez une pomme et coupez le reste en morceaux.

Ajoutez les pommes coupées dans l'eau avec les épices. Laissez mijoter à feu doux et à couvert pendant 15 minutes.

Pendant ce temps, râpez la pomme restante et réservez.

Hors du feu mixez la soupe et gardez-la au chaud avant de servir.

Répartissez la pomme râpée dans chaque bol au moment du service pour avoir un effet de texture croquante.

PRÉPARATION 10 min

CUISSON 15 min

LE QUATRE-ÉPICES...

origine et utilisation

Le quatre-épices est en réalité le nom donné à une seule épice ramenée d'Amérique par Christophe Colomb: le piment de Jamaïque. Cette épice a des saveurs de cinq autres épices: le poivre, le gingembre, la cannelle, la muscade et le girofle; aux vertus détox reconnues. C'est ce mélange qui est vendu le plus souvent en France et que l'on utilise pour parfumer nos plats et desserts.

Cette association vous permettra de parfumer vos repas et de les rendre plus digestes. Rajoutez-en régulièrement dans vos gâteaux, flans, pâtes à tarte ou petits plats mijotés de viande, poisson ou légumes.

AUTOMNE

DESSERT

UNE CRÉATION ORIGINALE, POUR RAVIR PETITS ET GRANDS
ET FAIRE LE STOCK DE VITAMINES.

Pancakes de kiwis au gingembre

INGRÉDIENTS POUR 4 PERS.

4 kiwis • 2 yaourts natures • 2 œufs • 100 g de farine blanche ou semi-complète
4 cuil. à café de sirop d'agave (ou de sucre) • ½ sachet de levure chimique
½ cuillère à café de gingembre râpé ou en poudre
Huile de tournesol ou d'olive pour cuisson

RÉALISATION

Mélangez dans un saladier les yaourts avec les œufs jusqu'à avoir une texture bien lisse.

Mélangez la farine avec la levure, le sucre et le gingembre et incorporez le tout au mélange précédent.

Mélangez bien jusqu'à obtenir une pâte homogène puis réservez au frais.

Épluchez et découpez les kiwis en 4 tranches dans le sens de la longueur.

Huilez une poêle antiadhésive à l'aide d'un papier absorbant et faites-la chauffer à feu moyen.

Une fois la poêle chaude, déposez des petits tas de pâte équivalents à 1 cuillère à soupe et déposez les tranches de kiwi au milieu de chaque tas.

Faites cuire 1 à 2 minutes de chaque côté et déposez les pancakes sur une assiette.

Dégustez-les tièdes ou refroidis.

PRÉPARATION 10 min

CUISSON 15 min

LE SIROP D'AGAVE...
une autre façon de sucrer vos desserts

Le sirop d'agave a un pouvoir sucrant supérieur à celui du sucre et il est moins vite absorbé par l'organisme. On en mettra donc moins pour la même sensation sucrée, et on économisera alors des calories. Neutre en goût et résistant à la cuisson, il pourra être utilisé dans les gâteaux, crèmes, tartes ou pour sucrer vos yaourts. Le sirop d'agave reste un sucre, à consommer avec modération tout de même.

C'est
L'HIVER

POURQUOI...

... la détox EN HIVER ?

L'HIVER EST SOUVENT LA SAISON LA MOINS APPRÉCIÉE DE NOUS TOUS. LES JOURS SONT COURTS, IL FAIT FROID ET LES RHUMES SÉVISSENT.

Autant faire au mieux pour apprécier l'hiver et en profiter comme le reste de l'année. N'oublions pas que l'hiver correspond à la période des fêtes de fin d'année, avec au programme retrouvailles en famille ou entre amis et repas gastronomiques en perspective. L'idéal donc pour se reposer un peu et profiter de moments de convivialité. L'hiver est donc une saison où l'on va surtout chercher douceur et réconfort.

Après avoir trouvé satisfaction dans les jours qui marquent la fin de l'année, l'heure des bonnes résolutions arrive. Avec toutes ces heures passées à table, le nez dans les boîtes de chocolats et à déguster la galette des Rois, notre corps a été chargé en une nourriture plus riche et plus quantitative que d'habitude. Il est donc grand temps de détoxifier tout ça ! Ce programme détox sera essentiellement axé sur l'élimination des toxines et sur une alimentation pauvre en calories. Profitez de l'après-jour de l'an ou après l'Épiphanie pour recommencer sur les bonnes bases. Vous sentirez vite les bénéfices d'une alimentation saine sur votre organisme. En éliminant tout ce qui s'est stocké, vous retrouverez énergie et vitalité pour recommencer une nouvelle année du bon pied.

Profitez des belles journées froides d'hiver pour faire des petites marches rapides qui stimuleront le brûlage des graisses et ravigoteront l'organisme. Le froid permettant de brûler plus de calories, toutes les chances sont mises de votre côté pour éliminer les quelques kilos des fêtes !

Pensez également à vous reposer et à ne pas négliger votre sommeil. Les fins d'années étant souvent bien chargées, vous avez besoin de récupérer de l'énergie.

Détox hiver

Ce plan alimentaire détox inclut des aliments gorgés de vitamines et avec des vertus digestives, dans le but de soulager le système digestif souvent trop sollicité en fin d'année.

On va surtout miser sur les fruits et légumes de saison et les épices afin de nettoyer nos organes en profondeur.

LES ALIMENTS DÉTOX

FRUITS	PROPRIÉTÉS
CLÉMENTINE - KIWI - ORANGE PAMPLEMOUSSE - POMME	Riches en vitamine C et en antioxydants pour faire le plein d'énergie et en fibres pour faciliter le transit.
ANANAS - BANANE - POIRE	Riches en fibres douces qui aident à nettoyer le système digestif.

LÉGUMES	PROPRIÉTÉS
CHOU-FLEUR - OIGNON - POIREAU	Riches en potassium pour un effet diurétique.
BROCOLI - NAVET	Très riches en vitamines et minéraux.
CHOUCROUTE	Facilite la digestion et régénère la flore intestinale.
MÂCHE	Riche en chlorophylle pour purifier l'organisme.
CAROTTE - COURGE - POTIRON - POTIMARRON	Riches en antioxydant et en vitamines bonnes pour la peau et anti-âge.

PLAN ALIMENTAIRE 3 JOURS

BOISSON DÉTOX À VOLONTÉ

(à consommer après et entre chaque repas au moins trois fois par jour):
Tisane citron-gingembre **[p. 88]**

<table>
<tr><th>REPAS</th><th>JOUR 1</th><th>JOUR 2</th><th>JOUR 3</th></tr>
<tr><td rowspan="3">PETIT DÉJEUNER</td><td colspan="3">À jeun 30 minutes avant votre petit déjeuner: 1 verre d'eau tiède + 1 cuil. à café de jus de citron</td></tr>
<tr><td>Une tisane détox</td><td>Une tisane brûle-graisses</td><td>Un thé vert sans sucre</td></tr>
<tr><td colspan="2">1 agrume (1 orange, ½ pamplemousse, 2 clémentines ou 2 kiwis)
3 cuil. à soupe de flocons d'avoine, chauffés à la casserole (ou 2 minutes au micro-ondes) avec un peu de lait végétal (lait d'amande, noisette, soja) et 1 cuil. à café de miel</td><td>Un yaourt nature (ou de soja) mélangé avec une banane et 1 cuil. à café de cacao nature</td></tr>
<tr><td>DÉJEUNER</td><td>Salade de mâche avec sauce soja, huile de noix et citron
Saumon à l'orange et aux noisettes [p. 100] et quinoa
Smoothie poire et lait d'amande</td><td>Poireaux vinaigrette
Dinde sautée aux épices et au potiron fondant [p. 96] et blé complet
Salade pomme-kiwi</td><td>Salade de choucroute crue [p. 92]
Purée de carottes et jambon blanc
Crème à l'orange légère [p. 104]</td></tr>
<tr><td>DÎNER</td><td>Soupe de navets et poireaux au curry [p. 90]
Potimarron vapeur et thon au naturel, sauce fromage blanc aux herbes
Salade de fruits d'hiver rôtis au four [p. 102]</td><td>Bouillon de brocolis et chou-fleur au thym [p. 94]
Omelette au persil et oignons
Ananas grillé à la cannelle [p. 106]</td><td>Bouillon à l'oignon, au tofu et au quatre-épices
Curry de légumes d'hiver au lait de coco [p. 98] et riz basmati
Clémentines</td></tr>
</table>

Une tisane détox ou brûle-graisses ou un thé vert sans sucre

EN CAS DE PETITE FAIM

Un agrume ou un yaourt de soja nature

BOISSON

UNE TISANE 100 % DÉTOX À CONSOMMER APRÈS LES REPAS
ET ENTRE LES REPAS POUR UNE PAUSE RÉCONFORTANTE

Tisane citron-gingembre au miel

INGRÉDIENTS
POUR 1 TASSE DE TISANE

1 tasse d'eau
1 cuil. à café de jus de citron ou 1 citron non traité
½ cuil. à café de miel

RÉALISATION

Mettez l'eau à bouillir dans une casserole ou une bouilloire.

Dans une tasse, mettez le jus de citron ou une rondelle de citron et le gingembre.

Rajoutez l'eau et le miel et laissez infuser 5 minutes avant de consommer.

PRÉPARATION 15 min

REPOS 5 min

LA TISANE...

elle n'est pas réservée qu'aux grand-mères !

Les tisanes sont très intéressantes pour réhydrater et réchauffer l'organisme. Elles ont également de nombreuses visées thérapeutiques grâce aux bienfaits des plantes qu'elles contiennent. Choisissez-les en fonction des vertus qu'elles possèdent et consommez-en régulièrement pour avoir leurs bénéfices.

Si vous craignez le goût des plantes, sachez qu'il en existe maintenant beaucoup qui sont parfumées. Vous pouvez également masquer le goût en rajoutant du jus de citron. Idéales après le repas, les infusions peuvent aussi servir pour faire une petite pause réconfortante. En choisissant des tisanes aux fruits, vous aurez moins envie de grignoter des aliments sucrés à quatre heures. Vous pouvez utiliser directement les plantes fraîches qui auront encore plus d'efficacité et de goût que les plantes séchées.

ENTRÉE

UNE SOUPE CLASSIQUE AVEC UNE TOUCHE ÉPICÉE
POUR LE RÉGAL DE VOS PAPILLES

Soupe de navets et poireaux au curry

INGRÉDIENTS
POUR 4 PERS.

1 poireau entier • 3 navets • 2 pommes de terre
1 cube de bouillon de légumes • 1 oignon • 800 ml d'eau
Un bouquet d'herbes fraîches (ciboulette, persil, coriandre)
1 cuil. à café de curry

RÉALISATION

Dans une cocotte, faites bouillir 800 ml d'eau avec le bouillon cube.

Pendant ce temps, découpez le poireau en lamelles, pelez et découpez les pommes de terre et le navet en dés, pelez et émincez l'oignon.

Quand l'eau est à ébullition, ajoutez les légumes. Faites cuire 20 minutes à petit bouillon et à couvert.

Enlevez du feu et mixez avec un mixeur plongeant ou un robot jusqu'à ce que la texture soit bien lisse.

Ajoutez le curry et remettez à chauffer à feu doux pendant 10 minutes. Pendant ce temps, hachez finement les herbes fraîches et réservez.

Servez cette soupe bien chaude et parsemez-la avec les herbes fraîches.

PRÉPARATION
20 min

CUISSON
30 min

LE CURRY...
à utiliser à toutes les sauces

D'origine indienne, le curry n'est pas une épice à part entière mais un mélange de curcuma, coriandre, cumin, cardamome, gingembre et divers poivres ou autres épices. La curcumine, contenue dans le curcuma, a des propriétés anti-inflammatoires tandis que les autres épices facilitent la digestion. La pipérine, contenue dans le poivre, permet de décupler les propriétés du curcuma. Différents mélanges existent, du plus doux au plus fort, avec des proportions et des mélanges différents.

Le curry peut être utilisé pour sublimer vos plats de viande et poisson mais aussi pour relever les légumes ou les féculents.

ENTRÉE

POUR DÉCOUVRIR UNE AUTRE FAÇON DE CONSOMMER LA CHOUCROUTE, DANS UNE VERSION BEAUCOUP PLUS LIGHT QUE LA RECETTE TRADITIONNELLE

Salade de choucroute crue

INGRÉDIENTS POUR 4 PERS.

200 g de choucroute crue • 4 poignées de mâche
½ oignon blanc • 2 cuil. à soupe d'huile de noix • 2 cuil. à soupe de vinaigre balsamique • 1 cuil. à café de moutarde
½ cuil. à café de cumin en poudre • Quelques grains de poivre
Quelques brins d'aneth frais ou déshydraté

RÉALISATION

Dans un petit récipient, réalisez la sauce en mélangeant l'huile de noix avec le vinaigre balsamique, la moutarde et le cumin.

Pelez et hachez le demi-oignon puis rajoutez-le à la sauce. Dans chaque assiette, déposez la mâche puis la choucroute crue par-dessus.

Répartissez quelques grains de poivre et quelques brins d'aneth sur la choucroute. Arrosez de vinaigrette avant de servir.

PRÉPARATION

10 min

LA CHOUCROUTE CRUE...

des vertus insoupçonnées

La choucroute crue désinfecte le système digestif et régénère la flore intestinale. Riche en vitamine C, elle protège des infections, améliore les défenses immunitaires et lutte contre la fatigue. Pauvre en calories, elle contient en revanche beaucoup de vitamines et de minéraux. Grâce à la lacto-fermentation qu'elle a subie, la choucroute crue contient de l'acide lactique qui régénère les muqueuses de nos intestins. Les fibres et les bactéries probiotiques qu'elle contient régulent le transit et facilitent l'élimination des toxines. Vous pourrez ainsi vous initier à la consommation de choucroute de façon plus saine, loin des plats riches en graisses et en charcuterie qui, bien que délicieux, sont beaucoup moins intéressants sur le plan nutritionnel.

ENTRÉE

UN BOUILLON APPÉTISSANT
POUR SE RÉHYDRATER ET SE RÉGALER

Bouillon de brocolis et chou-fleur au thym

INGRÉDIENTS
POUR 4 PERS.

300 g de brocoli • 300 g de chou-fleur
1 l d'eau • 1 oignon • 2 gousses d'ail
2 cuil. à soupe d'huile d'olive • Quelques branches de thym
½ cuil. à café de gingembre râpé ou en poudre • Poivre, sel

RÉALISATION

Découpez le brocoli et le chou-fleur en fleurettes, pelez et découpez l'oignon en lamelles, hachez la gousse d'ail.

Dans une cocotte, faites revenir le brocoli, le chou-fleur et l'oignon avec l'huile d'olive pendant 5 minutes.

Ajoutez l'eau, l'ail, le gingembre, le thym, salez, poivrez et portez à petit bouillon et à couvert pendant 20 minutes.

Enlevez du feu et consommez ce bouillon directement ou bien gardez-le pour le réchauffer, il n'en sera que meilleur.

S'il vous reste du liquide, vous pourrez le réutiliser pour pocher un poisson ou cuire un risotto par exemple.

PRÉPARATION 20 min

CUISSON 30 min

LE BOUILLON...
histoire et réalisation

À l'origine, le bouillon servait à réaliser la soupe des plus pauvres, en le versant sur une tranche de pain. Les ingrédients qui le composent sont tout aussi différents que les régions du monde où il est consommé. En pratique, un bouillon est très simple à réaliser. On fait bouillir de l'eau et on rajoute des légumes, des épices, des herbes et aromates, de la viande, du poisson ou les épluchures, os et carcasses qui ne sont pas consommés. Tout est permis, le but étant de donner le plus de goût possible au liquide. Les légumes peuvent ensuite être récupérés et le bouillon utilisé pour faire cuire d'autres aliments ou pour être dégusté en début de repas. En le réalisant soi-même on profitera réellement des bienfaits de ces ingrédients, contrairement aux cubes du commerce qui contiennent graisses hydrogénées, sucre, exhausteurs de goût, et très peu de légumes. N'hésitez plus à vous initier au bouillon maison et à tester vos propres recettes !

PLAT

UN PLAT EN SAUCE POUR ABORDER L'HIVER
TOUT EN SAVEUR ET EN DOUCEUR

Dinde sautée aux épices et au potiron fondant

INGRÉDIENTS POUR 4 PERS.

400 g de sauté de dinde • 800 g de potiron
2 cuil. à soupe d'huile d'olive • 1 oignon • 1 bâton de cannelle
1 étoile de badiane • Quelques feuilles de sauge
4 cuil. à café de miel • Sel, poivre • 400 ml d'eau

RÉALISATION

Coupez le sauté de dinde en gros cubes en prenant soin d'enlever le gras, pelez et hachez l'oignon.

Mettez la viande dans une sauteuse ou une cocotte et faites-la griller avec l'huile d'olive et l'oignon 5 minutes de chaque côté.

Pendant ce temps, détaillez le potiron en quartiers fins. Ôtez les morceaux de dinde de la sauteuse et réservez. Ajoutez le potiron dans la sauteuse avec l'eau, la cannelle, la badiane, et la sauge. Salez, poivrez, et faites cuire à feu doux et à couvert pendant 10 minutes.

Remettez la dinde dans la sauteuse, ajoutez le miel et faites chauffer à nouveau pendant 10 minutes à feu très doux en remuant régulièrement. Vous pouvez rajouter un peu d'eau si vous voyez qu'elle s'est trop évaporée.

Servez bien chaud avec du blé, du quinoa ou du riz.

Ce plat est encore meilleur réchauffé, n'hésitez pas à le préparer à l'avance.

PRÉPARATION 15 min

CUISSON 25 min

LE POTIRON...
la star de l'hiver

Le potiron et ses cousins, potimarron et courge s'invitent souvent à notre table en hiver. Ces cucurbitacées possèdent des fibres stimulant le transit et l'élimination des déchets en douceur. Riches en vitamine A, ils permettent de garder une jolie peau et un teint lumineux pendant la saison peu ensoleillée.

Leur teneur en potassium est intéressante et permet de drainer les toxines hors de notre organisme. Délicieux sous forme de soupes, gratins ou tout simplement mijotés ou cuits à la vapeur, ils feront le bonheur de votre palais et de votre corps !

· HIVER ·

PLAT

DES LÉGUMES CRÉMEUX
QUI VOUS RÉGALERONT CET HIVER

Curry de légumes d'hiver au lait de coco

INGRÉDIENTS
POUR 6 PERS.

½ chou fleur • 4 carottes • 1 tranche de potiron
2 courgettes • 1 poireau • 2 oignons • 200 ml de lait de coco
250 ml d'eau • 2 cuil. à soupe d'huile d'olive • 2 cuil. à soupe de sauce soja
2 cuil. à café de curry en poudre • Poivre

RÉALISATION

Épluchez les carottes, les oignons et le potiron puis coupez-les en morceaux moyens.

Découpez le chou-fleur en fleurettes, le poireau en tronçons et les courgettes en dés moyens.

Dans une cocotte, faites revenir les oignons avec l'huile d'olive.

Ajoutez tous les autres légumes et la sauce soja et faites revenir pendant 5 minutes à feu doux en remuant régulièrement.

Ajoutez 250 ml d'eau, le lait de coco, le curry et le poivre, mélangez bien puis laissez mijoter à petit feu et à couvert pendant 15 minutes.

Dégustez bien chaud avec du riz basmati.

Ce plat peut parfaitement se préparer à l'avance, il n'en sera que meilleur réchauffé.

PRÉPARATION 15 min

CUISSON 25 min

LE LAIT DE COCO...

une variante saine et originale

Très populaire dans la cuisine asiatique et dans les îles, le lait de coco a beaucoup de ressources. Riche en minéraux, il est également dépourvu de lactose, ce qui le rend plus digeste. Le lait de coco est moins gras que la crème entière et avec des graisses de meilleure qualité et sans cholestérol. Il pourra être utilisé pour remplacer la crème dans vos préparations salées et le lait dans vos desserts, à condition de réduire les autres matières grasses. Son goût exotique et délicat viendra sublimer vos plats en douceur. Attention de ne pas le confondre avec la crème de coco qui est plus riche en graisses, donc à utiliser en moindre quantité.

PLAT

UNE RECETTE QUI SUBLIME
LE SAUMON AVEC ÉLÉGANCE

Saumon à l'orange et aux noisettes

INGRÉDIENTS
POUR 4 PERS.

4 pavés de saumon • 2 oranges • 1 oignon
2 cuil. à soupe de sauce soja • Une vingtaine de noisettes
½ cuil. à café de gingembre frais râpé ou en poudre

RÉALISATION

Pelez et hachez l'oignon. Prélevez les quartiers des oranges.

Faites chauffer une poêle pendant quelques secondes puis déposez les pavés de saumon côté peau et faites-les griller à feu vif pendant 2 minutes.

Ajoutez ensuite l'oignon haché et les quartiers d'orange et faites chauffer à feu très doux et à couvert pendant 5 minutes.

Pendant ce temps, hachez les noisettes et réservez. Ajoutez la sauce soja, les noisettes et le gingembre râpé et faites chauffer à nouveau pendant 5 minutes.

Servez bien chaud et accompagnez de légumes vapeur ou de quinoa par exemple.

PRÉPARATION 15 min

CUISSON 12 min

LE SAUMON…
comment le choisir ?

Il est important de choisir son saumon de bonne qualité pour profiter de ses propriétés. Un saumon sauvage vit en pleine mer. Il est très actif, sa chair est plus ferme, moins grasse et rose pâle. Un saumon d'élevage vit dans des cages, il bouge donc moins et il est nourri avec des farines de poissons auxquelles sont souvent ajoutés des colorants et des médicaments. Leur chair est plus grasse et moins fine. Certains labels ou aquacultures bios garantissent un élevage de meilleure qualité. Prenez le temps de bien vérifier la façon dont a été élevé votre saumon avant de l'acheter, sa qualité et son goût en dépendront.

DESSERT

UN DESSERT COLORÉ ET GOURMAND
POUR FINIR LE REPAS EN TOUTE LÉGÈRETÉ

Salade de fruits d'hiver
rôtis au four

INGRÉDIENTS
POUR 4 PERS.

1 pamplemousse • 3 pommes • 3 poires
1 cuil. à soupe de miel liquide • Quelques brins de thym

RÉALISATION

Préchauffez le four à 200 °C (th. 6-7).
Pelez les pommes et les poires, ôtez le cœur et les pépins et coupez-les en quartiers.

Épluchez et prélevez les suprêmes du pamplemousse.
Étalez tous les fruits dans un plat allant au four.
Répartissez le miel et les feuilles de thym par-dessus.

Mettez au four 15 minutes.

Dégustez cette salade chaude, tiède ou refroidie selon vos envies !

PRÉPARATION 10 min

CUISSON 15 min

LE PAMPLEMOUSSE...
le roi de la détox

Le pamplemousse, en plus de sa richesse en vitamines, permet d'éliminer les toxines de notre organisme en stimulant le transit et les sécrétions digestives.

Pauvre en calories et en sucre, il aide aussi à réguler cholestérol et diabète. Il est intéressant de consommer le pamplemousse l'hiver pour ses propriétés anti- infectieuses. Attention cependant à ne pas le mélanger à des prises de médicaments, son action est tellement forte sur le foie qu'il peut interagir avec les traitements.

DESSERT

UNE CRÈME TOUTE LÉGÈRE
ET ONCTUEUSE À TESTER SANS HÉSITER

Crème à l'orange légère

INGRÉDIENTS POUR 4 PERS.

4 oranges non traitées
400 ml de lait d'amande ou de soja • 2 œufs
2 cuil. à soupe de farine de riz • 1 cuil. à soupe de sirop d'agave

RÉALISATION

Prélevez les zestes d'une orange et réservez. Pressez toutes les oranges afin d'en garder le jus. Dans une casserole, portez à ébullition le lait et le jus des oranges.

Pendant ce temps, mélangez au fouet la farine de riz avec les œufs battus et le sirop d'agave dans un bol.

Prélevez un peu de liquide chaud de la casserole pour le mélanger avec le mélange précédent.

Hors du feu reversez le contenu du bol dans la casserole et remuez rapidement avec le fouet.

Faites chauffez à feu doux jusqu'à épaississement de la crème en remuant sans arrêt pour éviter la formation de grumeaux.

Ôtez la crème du feu, attendez qu'elle tiédisse puis répartissez-la dans des verrines et ajoutez les zestes d'orange.

Réservez au frais au minimum 1 heure avant de servir.

PRÉPARATION 20 min

REPOS 1 h

LA FARINE DE RIZ...
une alternative légère

La farine de riz et très digeste, elle permet donc de reposer le système digestif. Riche en vitamines, neutre en goût et dépourvue de gluten, elle conviendra à tout le monde. La farine de riz s'utilise comme une farine de blé normale, seule ou en mélange dans vos recettes de gâteaux, flans, crêpes. De texture plus fine elle est parfaite pour épaissir des crèmes et sauces ou pour paner des aliments. On la trouve maintenant de plus en plus dans les grandes surfaces ou en magasin bio.

DESSERT

UN DESSERT EXPRESS
POUR UNE DÉTOX EXOTIQUE

Ananas grillé à la cannelle

INGRÉDIENTS
POUR 4 PERS.

1 ananas • ½ cuil. à café de cannelle en poudre
4 cuil. à café de sirop d'agave (ou de sucre roux)

RÉALISATION

Préchauffez le four à 200 °C (th. 6-7).
Coupez l'ananas dans le sens de la hauteur afin d'obtenir 4 quartiers.

Ôtez la peau des quartiers et reposez-les dessus.
Redécoupez les quartiers en tranches.

Disposez les quartiers d'ananas dans un plat allant au four, peau en dessous.

Mélangez la cannelle et le sirop d'agave ou le sucre puis répartissez sur l'ananas à l'aide d'un pinceau ou d'une petite cuillère.

Faites cuire au four pendant 12 minutes.

Dégustez bien chaud ou légèrement refroidi.

PRÉPARATION 8 min

CUISSON 12 min

LA CANNELLE...
des pouvoirs extraordinaires

Issue de l'écorce du cannelier, la cannelle a de nombreuses vertus santé. Composée de plus de la moitié en fibres bonnes pour le transit, elle permet aussi d'améliorer la digestion en stimulant les glandes salivaires et les sécrétions gastriques. La cannelle possède des antioxydants très puissants qui luttent contre le vieillissement cellulaire et ont une action antibactérienne importante. Il est donc conseillé d'en consommer régulièrement pendant l'hiver en prévention ou en lutte contre les infections. Avec son parfum caractéristique, elle vous séduira tant dans les plats salés que sucrés. La cannelle s'associe parfaitement avec les plats en sauce, les fruits et le chocolat.

INDEX

P • Q • R

S

T

V • W

Crédits photographiques

© Fotolia/Anna Kucherova: p.14; fotolia/Jiri Hera: p.38; fotolia/Sasajo: p.62; fotolia/Kwangmoo: p.86.
© Photocuisine /Balme (p.60-61) ; /Barret (p.2, 17, 65) ; /Bilic (p.47, 108-109) ; /Bonnier (p.71) ; /Carnet (p.79, 84-85) ; /Charles (p.45) ; /Chivoret (p.12-13) ; /Cultura Creative (p.36-37) ; /Goumard (p.21) ; /Hallet (p.55, 77) ; /Langot (p.9, 10, 11) ; /Lawton (p.51, 89, 99) ; /Mallet (p.97) ; /Paquin (p.57) ; /Perrin (p.35, 93) ; /Radvaner (p.23) ; /Riou (p.67) ; /Stockfood.fr (p.33) ; /Studio (p.25, 31, 49, 59, 69, 73, 95, 105) ; /Studio Kuchnia (p.43, 83, 101) ; /Sudres (p.6-7) ; /Thys-Supperdelux (p.19, 27, 29, 41, 75, 81, 91, 103, 107) ; /Viel (p. 53).

Illustrations et éléments graphiques

© Freepik; Sylvain Kaslin; Damien Payet

Direction d'édition: Thierry Lamarre
Édition : Adeline Lobut
Textes et adaptation des recettes : Lucie Reynier
Conception graphique, mise en pages et couverture : Either Studio

Éditions Marie Claire
Publiées par Société d'Information et de Créations - SIC
10, bd des Frères-Voisin 92792 Issy-les-Moulineaux CEDEX 9 - France
Tél. : 01 41 46 88 88
RCS Nanterre 302 114 509
SARL au capital de 3 822 000 euros

ISBN : 978-2-84831-941-4
N° Éditeur : 38369
Imprimé par G. Canale & C., Borgaro (Italie)
Dépôt légal : janvier 2016

www.editionsmarieclaire.com